AF259875

NI

PRÉSIDENT

NI ROI

PARIS. — IMP. SIMON RAÇON ET COMP., RUE D'ERFURTH, 1.

NI

PRÉSIDENT

NI ROI

PAR UN RURAL

La république n'est ni au-dessus ni au-dessous
du suffrage universel, elle est le suffrage universel
lui-même.

PARIS

FERD. SARTORIUS, LIBRAIRE-ÉDITEUR

27, RUE DE SEINE 27

—

1871

NI PRÉSIDENT

NI ROI

La République n'est ni au-dessus ni au-dessous du suffrage universel, elle est le suffrage universel lui-même.

Chaque fois que la République a été établie en France, il s'est produit ce fait caractéristique, qu'en se retirant du pays, elle y a laissé plus de partisans qu'elle n'y en avait trouvés. En 92, les adeptes de l'idée démocratique étaient assurément très-clair-semés dans la nation ; mais, quand la première République succomba, le nombre de ses adhérents se trouva de beaucoup augmenté : on vit, autour de son cercueil, plus d'amis qu'on n'en avait compté autour de son berceau. Ce phénomène, très-réel, a lieu de surprendre à première vue. La seule explication qu'on en puisse donner, c'est que cette forme politique a de l'attachant sous ses rudes dehors. Le jeu de ce régime, qui fait qu'un peuple est maître chez lui, et que chaque citoyen est à la fois gouvernant et gouverné, satisfait la raison. On pressent, d'après ce qui est, ce qui pourrait être, car ce ne sont pas les exemples de République, exhibés sous nos yeux par la démagogie un instant victorieuse, qui ont pu nous séduire : République à contre-sens, faisant émaner le pouvoir dictatorialement d'en haut, et ne se soutenant dans l'arbitraire que par des mesures d'exception et des lois de rigueur.

Je suis, je l'avoue, un de ceux que la République actuelle a gagnés. Je n'étais pas républicain le moins du monde avant le 4 septembre dernier, je le suis devenu depuis cette date ; je le suis devenu en dépit des fautes commises par ceux qui avaient pris en mains les affaires du pays.

J'ai été de tout point converti. En dehors de ce qui a été tenté, j'ai vu ce qui aurait pu être réalisé. J'ai entrevu le mécanisme simple et droit d'un État démocratique bien fait. Et une marque de la sincérité de ma conversion, c'est que je n'ai rien de l'intempérance du néophyte ; j'ai cédé à l'évidence, je n'ai pas subi de ces chocs, de ces éclairs, qui vous mettent hors de sens. C'est au point qu'en lisant ces pages, où je rends raison de ma foi, on aura quelque peine à les croire inspirées par une aussi récente conversion ; j'y parle en vieux fidèle, tout frais converti que je suis.

La France est appelée à se constituer sous un régime de son choix. Il ne saurait y avoir, pour un peuple, de plus avantageuse conjoncture, s'il sait la mettre à profit ; s'il sait, imposant silence aux convoitises et aux utopies, se prononcer en connaissance de cause, car bien connaître les divers partis à prendre est la première condition d'une préférence éclairée.

Examinons ici, des différents modes de gouvernements, lequel cadrerait le mieux à nos mœurs et à notre époque. Les régimes politiques, pour rester dans la sphère du possible, se bornent à deux : un roi ou pas de roi, démocratie et monarchie. Quant aux institutions despotiques, théocratiques, oligarchiques, elles sont aujourd'hui tombées dans le domaine de l'archéologie pure.

Mais, avant tout, ne commettons pas la faute d'appliquer à un pays la constitution d'un autre pays ; car les peuples sont divers, et parce qu'une constitution s'est trouvé convenir à une nation, c'est précisément un motif pour qu'elle ne convienne pas à une autre. Laissons dormir en paix le passé ; que nous servirait-il de fouiller son sépulcre, nous n'y trouverions pas la vie ; le passé a vécu. Détournons nos regards des Grecs et des Romains : s'ils existaient encore, leur propre gouvernement ne leur conviendrait plus aujourd'hui ; comment pourrait-il convenir à nous-mêmes !

Il y a assez de vitalité en France pour qu'il y puisse germer de toutes pièces un gouvernement à elle propre ; un gouvernement sorti de ses entrailles, et qu'elle puisse aimer comme on aime ce qu'on a engendré.

Les anciens, nous les avons trop imités ; faisons l'essai d'un ordre de choses véritablement nouveau ; procréons à notre image et à notre ressemblance.

Nous avons tout à renouveler ; nous avons à changer, non pas seulement les fonctionnaires, ce qui est puéril, mais les fonctions. Ah ! l'opération est compliquée, je le sais : la République est bien plus difficile à fonder que la monarchie. Pour établir une monarchie, il suffit de faire un roi ; pour établir une République, il y a à faire, pour ainsi dire, autant de rois qu'il se trouve de citoyens dans le pays.

INCONVÉNIENTS ET AVANTAGES DU PRINCIPE MONARCHIQUE

L'homme est naturellement porté à se donner un roi, c'est là un reste d'instincts primordiaux. Les premiers nomades durent se grouper autour du plus vigoureux et le reconnaître pour conducteur, c'est-à-dire pour roi (*regere*, conduire). Humble commencement d'une institution qui devait occuper la terre.

Il paraîtra toujours commode à la faiblesse humaine d'avoir quelqu'un de plus grand que soi, sur qui se reposer de sa sécurité, et vers lequel tourner ses regards en tous ses besoins. Mais c'est là un lâche calcul, et il n'est pas permis à l'homme de sacrifier ainsi au vice d'imprévoyance et d'incurie.

De plus, cette loi de dépendance volontaire, très-bonne au début des sociétés, ne vaut rien pour les populations parvenues en âge de maturité, par la raison qu'à l'origine des sociétés il existait une si profonde inégalité entre les hommes, qu'on pouvait à la rigueur les croire de nature différente : témoin les héros, les demi-dieux et les dieux mêmes. Cette inégalité plaçait quelques individus, mieux doués, tellement au-dessus de leurs compagnons, que la royauté dut s'ensuivre naturellement.

Mais, plus le temps marche, plus le niveau tend à s'établir, et vient une époque où les différences sont comme effacées entre les hommes. Telle est évidemment notre condition présente. Or vouloir faire durer le principe monarchique, bien loin par delà cet état d'inégalité sociale, c'est s'appuyer d'une loi périmée de l'humanité. Un peuple fait n'a pas plus besoin de la puissance monarchique, qu'un homme fait n'a besoin de la puissance paternelle ; et la monarchie, qui fut d'abord établie dans le seul intérêt des peuples, l'est devenue, par la suite, dans le seul intérêt des rois.

Tout nous dit, au surplus, que le temps des rois est passé : leurs attributs, sceptre, manteau, couronne, n'ont plus de sens. Le sceptre, massue adoucie, était le signe de la force ; le manteau représentait la dépouille des lions et des ours ; la couronne, armet de tête, était de mise quand le roi, toujours au premier rang, se trouvait le plus exposé de la troupe aux coups d'armes blanches.

Voyez comme la figure des rois jure au milieu de nous ; ils ne savent comment se mettre, l'habit militaire n'est pas plus le leur que l'habit civil. Considérez, parmi les plus augustes, le comte de Chambord : c'est bien le dernier de nos rois ; on dirait un astre qui se couche ; la majesté y est encore, mais l'éclat des rayons ne s'y rencontre plus...

Donc, pour être sages, renonçons de bonne grâce à ce régime suranné ; n'imitons pas ces vieux fous, qui, dans l'arrière-saison de la vie, ne sachant pas renoncer aux goûts du jeune âge, font grimacer, en leur personne, les grâces et les ris.

Certes, s'il y eut jamais un pacte aveugle, ce fut celui que consentirent un chef heureux et ceux qu'il obligea ! « Tu nous fus secourable, nous soumettons, en retour, nos fils à tes fils à perpétuité. » De là sortit la dynastie, (δυναστεία, puissance), institution égyptienne, et partant sacerdotale, car elle nécessite l'intervention directe de la Divinité, qui seule peut garantir que les descendants d'un grand homme seront des grands hommes comme lui. Or c'est le contraire qui a lieu invariablement dans l'ordre naturel, où jamais le fils n'hérite le génie du père.

Mais, à la rigueur, ce pacte peut se justifier en ceci, que lorsqu'il fut conclu, à l'origine des nationalités, on demandait avant tout, en un roi, la force matérielle, laquelle se transmet le plus souvent par filiation; tandis qu'aujourd'hui où nous avons besoin, non plus d'un bras pour l'action, mais d'une tête pour le conseil; le problème est tout autre, et l'on sait que les qualités intellectuelles ne passent point du père aux enfants : les descendants d'un grand poëte ne furent jamais de grands poëtes; on peut, ô mystérieuse loi! transmettre sa chair et son sang, on ne transmet point son esprit.

Ce n'est donc pas un titre que d'être né de tel ou tel, ce n'en est pas un même aux yeux de la nature.

Eh quoi! quand il y a si loin, pour les aptitudes, d'un homme à un autre homme, nous consentirions à recevoir pour roi, pour arbitre de nos destinées, un individu tel quel, au hasard de la naissance!

De plus, et je ne saurais assez insister sur cette considération, avec une monarchie héréditaire, un désavantage incalculable pour une nation, c'est d'être constamment gouvernée par des étrangers. Les souverains, ne s'alliant jamais qu'entre eux, prennent toujours femme chez un peuple voisin; or comme le fils hérite surtout des qualités de la mère, nous avons eu, en France, sur le trône, tour à tour, l'esprit italien, l'esprit espagnol, l'esprit autrichien, et jamais l'esprit français; car pas un de nos rois ne s'est marié à une Française. Nous sommes à la veille (*proh pudor!*) d'avoir l'esprit prussien; car la mère du comte de Paris était Allemande. Le comte de Paris est le propre neveu du roi Guillaume, c'est le sang de l'ennemi qui s'apprête à régner sur nous... Dieu de la patrie, ne détournerez-vous pas de nous un semblable avenir !

Chaque peuple a son génie particulier, et ne pouvoir être gouverné par le génie national est plus qu'on ne pense une cause de perturbation intestine, en même temps qu'un obstacle à l'accomplissement de ses destinées.

La zoologie l'expérimente chaque jour, tout croisement ne saurait donner que des produits incohérents : annihilant les qualités acquises, il les remplace par des qualités d'emprunt qui se résument en un mot fatal : Abâtardissement.

La sélection seule, dans une race pure, est un acheminement vers la perfection des produits.

Remarquez encore, qu'en fait de monarchies, nous ne saurions avoir que des monarchies tempérées, qui ne sont plus des monarchies; le propre de cette institution étant un bon plaisir absolu; or, tout ce qui est incomplet est défectueux. Nous ne saurions donc avoir que des monarchies qui nous apporteraient les inconvénients de ce régime, sans nous en assurer les avantages. Qu'est-ce qu'un roi qui règne sans gouverner, qu'est-ce qu'un maître qui régit sans commander? Dénaturé lui-même, ce principe dénature tout dans l'État. Un roi véritablement roi, tel le despote Guillaume, offre, parmi des maux affreux, d'incontestables avantages à ses peuples; un roi, tempéré par une constitution, n'offre plus ces avantages. Il est un mal sans compensation.

En ces temps où rien d'utile, de fécond n'est produit que par cette action combinée de plusieurs qu'on nomme association, nous accepterions, pour dépositaire de nos intérêts et de nos droits, la personnalité d'un seul! Quand, pour juge, pour garant, pour témoin, la sagesse des législateurs n'a jamais voulu de la responsabilité d'un seul, nous irions tout livrer, tout abandonner à la fragile autorité d'une seule tête, d'une seule main!... Lequel est plus insensé, je le demande, de celui qui croit pouvoir remplir un pareil mandat, ou de ceux qui le confient?

Un roi de nos jours se sent si mal assis sur le trône, qu'il s'efforce d'intéresser la conscience de ses sujets à l'y maintenir; la monarchie, basée sur la fidélité quand même, exige le serment; grande preuve qu'elle n'est plus de l'époque, car le serment ne saurait convenir qu'aux peuples très-religieux, et tel n'est pas notre caractère.

AVANTAGES DE LA FORME RÉPUBLICAINE

La République, c'est la souveraineté d'une nation divisée, par égales parties, entre tous ses membres; c'est la mise en commun de tous les droits et de tous les devoirs; c'est l'universalité des citoyens consultés, obéis; en un mot, c'est le pays faisant ses affaires lui-même.

Nul peuple ne saurait échapper à la République. Pour les nations, comme pour les individus, arrive une époque où l'émancipation est de rigueur. Si l'état monarchique est l'état de minorité des sociétés, l'état républicain est leur état de majorité.

Mais en commençant ce paragraphe sur les avantages de la démocratie, une impression me frappe et m'attriste, c'est de songer en quelles mains cette grande cause est tombée. Il faut bien l'avouer, à part quelques rares exceptions, ce sont les pires gens qui sont républicains. Allez dans les repaires du vice, allez dans les cachots, dans les bagnes, interrogez sur leurs opinions les hôtes de ces demeures, nul ne se dira monarchiste, tous à l'envi se diront républicains. Demandez au contraire à ce père de famille laborieux, à ce commerçant honnête, à cet agriculteur appliqué, quel est, en fait de gouvernement, son principe politique, tous, à peu près tous, affirmeront leur foi en la monarchie. Il y a plus; qu'un individu tombe, par sa faute, de l'opulence dans la misère, cette chute change toutes ses idées, et, de royaliste qu'il était, le rend républicain.

Or ce qui cause un pareil partage dans l'opinion, ce sont évidemment les excès de la première République; les honnêtes gens disent : Voyez 93, la République, c'est le désordre et le crime, nous n'en voulons pas! Les malintentionnés disent : La République, c'est le désordre et le crime, et c'est ce qu'il nous faut!

Ah! les acteurs de cette sanglante tragédie de 93 furent de bien aveugles politiques quand ils prétendirent fonder la démocratie sur la Terreur : ils en aliénaient les bons esprits et les bons cœurs pour longtemps.

Certes, la République actuelle est menacée dans son existence ; mais je le lui déclare, moi, son ami : mieux lui vaut, pour le triomphe à venir de son principe, succomber en restant libérale et juste, que prolonger sa durée au moyen des voies de rigueur. Sage, sa sagesse appuyée sur son titre à la souveraineté, portera nécessairement et prochainement ses fruits.

Vienne donc la République sans les républicains, c'est-à-dire sans cette tourbe de séditieux qui ne voient dans cet ordre de choses qu'un moyen d'arriver aux charges publiques. Mais qu'il s'en faut, hélas! que ces charges justifient leur nom, en étant véritablement un fardeau !

O République, quel malheur pour ta cause d'être soutenue par de pareils coupables! toi, la forme pure par excellence, et qui n'étant qu'une extension de la famille, devrais rencontrer, dans chacun de tes magistrats, le désintéressement que des enfants rencontrent dans leur père! Tu fus déshonorée, dans l'antiquité, par l'esclavage ; et dans les temps modernes, par l'égoïsme.

Aux yeux des démagogues éhontés, le mot de République est synonyme de bouleversement social ; ce qui est l'interprétation la plus abusive, car la République est la forme stable par excellence, puisqu'elle comprend à titre égal la totalité des citoyens ; mais pour qu'elle les comprenne en effet, que les honnêtes gens ne lui refusent pas leur concours, qu'ils ne laissent pas, par leur éloignement, le champ libre aux indignes!

La République doit se tenir en garde contre les républicains, elle doit se défier aussi des avocats. Par état, l'avocat manque de jugement, obligé qu'il est d'épouser, selon que sa cause l'exige, le pour et le contre. Sur deux avocats, qui plaident en sens contraire, il y en a nécessairement un qui, pour de l'argent, met sa parole aux gages de l'iniquité, et combat fallacieusement le bon droit. Il y a, j'ose le dire, il y a de l'histrion dans l'avocat ; l'un et l'autre sont acteurs, mêmes gestes, mêmes cris ; l'un et l'autre revêtent un personnage mensonger ; mais ce qu'en fait l'histrion n'est qu'en se jouant, tandis que l'avocat veut être pris au sérieux, et y réussit.

Au temps où nous avions sujet de rire, nous sommes-nous assez moqués de ces bons Araucaniens, qui avaient pris pour roi, dans le temps, un avoué périgourdin, du nom de M. de Thounens ; mais ces Araucaniens je les tien pour plus sensés que nous-mêmes, qui donnons à chacune de nos Républiques, pour chef souverain, des avocats. Un avoué ne vaut-il pas mieux, pour gouverner, qu'un avocat ? il parle moins, et il a plus l'habitude des affaires.

La facilité à s'exprimer en public n'est pas le moins du monde la marque d'une supériorité intellectuelle, non plus que d'un grand sens politique : c'est une aptitude qui s'acquiert fort vite, et qui ne suppose ni profondeur de vues, ni rectitude d'esprit. Qu'il y a loin d'un facile discoureur à un habile homme d'État !

Constatons ici, à la décharge de la cause démocratique qu'il s'en faut beaucoup que la monarchie ait eu en France, depuis quatre-vingts ans, d'aussi mauvais agents que la République.

Le socialisme, le communisme, le terrorisme, prennent invariablement, dans leurs aspirations au bouleversement, la République pour leur champ de manœuvre ; mais ces criminelles utopies ne sont pas plus de l'essence de la démocratie que de la monarchie ; car c'est un abus de raisonnement bien énorme que de confondre la République avec la Révolution. La Révolution est le passage du régime monarchique au régime démocratique, et *vice versa ;* mais, parfaitement distincte de ces deux régimes, elle cesse aussitôt que l'un ou l'autre prévaut.

LES ABEILLES ET LES FOURMIS

Quoi que l'homme fasse, il ne peut qu'imiter la nature. Il n'est pas une institution, pas un procédé, dont l'auteur des choses n'ait fait avant nous l'application, quelque part, dans l'univers. Ainsi les abeilles sont assujetties au régime monarchique, et les fourmis se trouvent rangées sous la loi démocratique. Or ces deux corporations animales peuvent nous représenter, en une sorte de miniature, les inconvénients et les avantages de ces divers modes de gouvernement.

L'essaim est bien plus facile à détruire que la fourmilière ; il suffit, pour renverser ce gouvernement, que l'abeille investie de la royauté périsse ; la ruche est aussitôt anéantie. Les plus habiles apiculteurs n'ont pu trouver le secret de conserver un essaim qui a perdu sa souveraine. Tant c'est là une conséquence naturelle de la concentration du pouvoir sur une seule tête !

Autre inconvénient propre aux monarchies : les abeilles, ayant un monarque à défendre, sont constituées en armée permanente, et tout citoyen y porte un dard empoisonné.

Autant l'essaim monarchique est une association vulnérable et fragile, autant la fourmilière démocratique est un corps résistant et vivace. On peut anéantir la moitié, les trois quarts d'une fourmilière sans qu'elle périsse. Les membres de ce petit État, au lieu d'être reliés à un chef unique, le sont éga-

lement entre eux, et, tant qu'il survit quelques membres de
la corporation, la vie politique se retrouvant entière en chacun
d'eux, l'État répare vite ses pertes en refaisant des citoyens.
De plus, comme la fourmilière se défend par sa seule organi-
sation, chacun y vit désarmé, et il n'y a là que des travailleurs et jamais de guerriers. L'abeille royaliste est nécessairement féroce, la démocratique fourmi est naturellement inoffensive.

QUI DIT ROYAUTÉ DIT GUERRE

La première guerre a produit le premier roi. La victoire
communiqua au chef d'armée une supériorité qui se fait sentir autant à ses sujets qu'à ses ennemis, et qui l'intronise.
Ce n'est pas de la paix que les rois sont sortis : durant la
paix le besoin d'un souverain ne saurait se faire sentir ; c'est
du péril que sort, sacré de gloire, oint de sang, le maître
politique.

Si la guerre a créé les rois, les rois en retour créent la
guerre, afin d'y retremper leur autorité. Comment au surplus n'aimeraient-ils pas ce jeu farouche, dont ils recueillent
tous les profits, et dont les maux sont nuls pour leur personne ! On citerait, par centaines les souverains qui ont fait
périr des millions d'hommes sur les champs de bataille, sans
y gagner une égratignure. Il est entendu que le général d'armée doit se conserver ; sa personnalité a trop d'importance

2

pour la risquer; il assiste aux batailles au moyen d'une longue-vue, et, sur la plaine, devenue à ses yeux un échiquier
sanglant, il fait, de loin, se mouvoir et se choquer les batailllons, et il combine froidement les coups.

Tout monarque est désireux avant tout du prestige et des
profits du conquérant; il n'a que cette voie pour s'agrandir.
Quant aux maux que la guerre déverse sur l'humanité, il
n'en saurait tenir compte; sa grandeur propre n'est-elle pas
la grandeur même de l'État? Libre de tout scrupule à cet
égard, il regarde, à l'exemple du moyen âge, la victoire
comme une sorte de jugement de Dieu. Il se tient pour un
être providentiel, et plus il parvient à tuer et à détruire, plus
est avec lui, pense-t-il, le Dieu des armées.

Mais cette passion de conquérir, qui est l'idée dominante
en toute cervelle royale, ne se retrouve plus dans une République, par la raison qu'instinctivement un État populaire
sent que, plus il est vaste, moins il y a chez lui cohésion et,
plus il devient faible intérieurement. Plus est grand le nombre des citoyens, moins chaque citoyen a une forte part dans
la souveraineté, et c'est pourquoi, dans une démocratie,
chaque individu est intéressé à diminuer plutôt qu'à augmenter le nombre de ses concitoyens. Dans une monarchie,
c'est tout le contraire, plus un monarque a de sujets, plus il
est fort, parce que chaque sujet de plus est un soldat de
plus.

Et puis, dans un État démocratique bien organisé, toute
guerre est votée par le peuple, c'est-à-dire par les soldats.
Celui qui la décide y est partie intéressée, puisqu'à ce sacrifice, il doit servir de victime. Ceux qui sont tenus de donner
au démon des batailles leur champ, leur toit et leur vie, sont
plus ménagers de ces choses que le souverain qui ne donne,
à tout prendre, que la vie, le champ et le toit de ses sujets,

et qui ne peut, au pis-aller, souffrir que dans son orgueil des suites d'une défaite. Mais il compte toujours bien être le victorieux et ne voit dans le carnage qu'un flatteur de plus.

Donc, si nous voulons un gouvernement guerroyeur, cherchons dans les monarchies; si, au contraire, nous répugnons aux massacres, cherchons dans les démocraties. Et notre choix pourrait-il être douteux? pourrions-nous ne pas répugner à ce fléau, père de tous les fléaux!

La guerre, l'exécrable guerre, ne l'oublions pas, a toujours fait obstacle au progrès. Sans la guerre, l'humanité serait depuis longtemps parvenue à un état de civilisation plénière et de bien-être universel. Tous les perfectionnements, toutes les améliorations tentés sur la terre ont été invariablement anéantis par l'épée. Ce que des siècles d'efforts avaient produit, quelque part, chez un peuple privilégié, la guerre l'a constamment détruit; et le genre humain affaibli, découragé, ne s'est plus senti la force de recommencer. Que de nations rejetées dans la nuit!... Des connaissánces acquises par les sages de la Chaldée, de l'Inde, de l'Égypte, rien n'a survécu, tout a sombré sous une mer de sang, et la lumière de l'Orient a été obscurcie pour jamais.

Quelles différentes destinées pour l'espèce humaine, si tout ce qui a été dépensé par elle d'intelligence et de force en vue du progrès belliqueux l'avait été en vue du progrès pacifique!... Quand l'humanité se décidera à marcher d'un pas égal vers la civilisation, elle devra, en premier lieu, renonçant à la guerre, cesser d'immoler par centaines de mille des victimes humaines au dieu malfaisant des combats.

UN ROI, C'EST LE LUXE

Avec un roi vient une cour, c'est-à-dire une réunion de personnes n'ayant d'autre occupation que de louanger le prince, afin d'en obtenir, sous forme de faveurs et de grâces, de l'argent. On peut lire, dans les *Caractères* de la Bruyère et dans l'*Esprit des lois* de Montesquieu, le fidèle tableau d'une cour : il n'exista jamais plus flagrante école de toutes les corruptions.

Mais le pire inconvénient d'une cour, c'est qu'elle engendre et propage le luxe ; le luxe qui ôte le bien-être, qui enlève les capitaux aux affaires pour les consacrer aux superfluités.

Les oisifs des palais ne pouvant se distinguer que par des oripeaux, la foule s'efforce de les imiter. Que de familles, pour donner dans les dépenses somptuaires, restreignent l'éducation donnée à leurs enfants, et n'ont que peu d'enfants ! Le luxe nuit, avant tout, à la population.

Tant qu'il y aura à la tête de l'État un souverain et son entourage, le luxe y sera en honneur. Vous chercheriez en vain, pour les hôtes d'une cour, une autre satisfaction que celle du luxe.

Et comme tout s'enchaîne ici-bas, il arrive que les populations s'épuisent d'abord à fournir au monarque et aux courtisans de quoi entretenir l'éclat des habits et des fêtes, puis ce même éclat, se reflétant sur les populations, les induit à donner, elles aussi, dans ces frivolités dispendieuses, ce qui les ruine à double titre.

On pourrait définir le luxe, la peine de l'inégalité. Qu'il en coûte pour corriger ce manque d'égalité! Ceux qui sont au-dessous s'efforcent de remonter, et cela au prix de tous les sacrifices, et au prix de l'honneur même.

Quelles modes ruineuses nous a imposées la dernière impératrice! Dans son ardeur pour les toilettes bouffantes, les courtisanes mêmes avaient peine à la suivre. Elles la modéraient. Nous lui devons, à cette Espagnole, les cheveux hors du visage, et les robes pour lesquelles l'étoffe de trois robes suffisait tout juste.

Est-ce assez fou à une nation de prendre un pareil guide!

Ah! rejetons le luxe, et remplaçons-le par le confortable des logements, des habits et de la nourriture. Les Italiens disent de ceux qui diminuent leur table pour avoir un équipage, qu'ils traînent leur voiture avec leurs boyaux; cette vigoureuse image exprime bien la folie de vouloir atteindre au superflu au détriment du nécessaire.

INCONVÉNIENTS DU RETOUR A LA MONARCHIE PARTICULIERS A LA FRANCE

Revenir à la monarchie nous serait plus désavantageux qu'à tout autre peuple, vu le nombre de prétendants que nous avons. Ils se montent à trois : les d'Orléans, le comte de Chambord et les Bonaparte. Je ne crois pas en oublier.

Lequel que nous choisissions dans le nombre, il va de soi que les deux évincés se coaliseront pour le culbuter, et leur ligue se verra renforcée de l'appoint qu'y mettra le parti républicain, évincé, lui aussi; car, en dépit de leurs divisions, les factions s'unissent toujours pour renverser, quitte à revenir à leurs antipathies sitôt la besogne faite. N'a-t-on pas vu, dans les comices électoraux, les fils des croisés voter avec les fils de Marat!

Un parti à l'état de souverain inspire toujours plus d'aversion qu'un parti à l'état de prétendant.

Il y aurait cependant un bon moyen de nous débarrasser de ces prétendants tenaces, ce serait de déclarer que nous ne voulons plus de roi d'aucune sorte; que la fonction n'est plus vacante, qu'elle est supprimée et sans retour, et que toute compétition à cet égard tomberait dans le vide.

Notez que ces divers prétendants, sans en dire aucun mal, sont tous fort riches. Voilà les Bonaparte, qui sait combien de fois millionnaires. L'argent est l'âme de l'intrigue; et quelle facilité donne pour cabaler le journalisme contemporain. On achète un journal, action par action; puis on fait dire à cette pythie ce qu'on veut. On prend un journal pour le besoin de sa cause, comme on prendrait un avocat, et l'un n'est pas moins dévoué que l'autre en payant.

Qui saurait dire le désordre que vont provoquer dans l'État ces trois prétendants, ayant chacun son parti toujours agissant. Avec eux nous pouvons bien compter sur une révolution tous les dix ans, sinon plus tôt; une révolution qui nous jettera dans un de ces impromptus de dictature, que la France connaît trop bien.

Avec ces trois aspirants à la souveraineté, la France est

comme ces États d'Orient que la compétition de plusieurs prétendants au trône (l'ordre de primogéniture n'y étant pas établi) livrait, à chaque fin de règne, à toutes les horreurs de la guerre intestine. Pour obvier à cela, les uns faisaient étrangler leurs frères, les autres leur faisaient crever les yeux; chez les Mogols, on leur donnait un breuvage qui leur ôtait la raison pour jamais. Le péril était si grand pour l'État, que de pareilles rigueurs ne paraissaient pas excessives.

Malheureusement nous ne sommes pas près d'en finir avec ces divers compétiteurs : on est prétendant de père en fils à perpétuité, et loin que leurs chances diminuent avec les années, elles ne font que rabonnir en vieillissant. Leur prestige augmente par l'effet de l'éloignement. Les Bonaparte, aujourd'hui si discrédités, reprendront faveur. On oubliera Sedan, on n'oubliera ni Marengo, ni Friedland. Le premier Napoléon, cet homme-fléau, n'aura jamais fini de nous nuire.

Si nous n'avions après nous qu'un seul prétendant, nous pourrions en l'intronisant, l'empêcher de nous être hostile, mais le moyen d'en contenter trois du même coup ! Pour un ami, c'est deux ennemis que nous nous donnons... En adoptant la République, nous ne faisons plus de jaloux, et nous nous soumettons à une Assemblée, qui est un souverain qui ne se culbute pas, comme on culbute un empereur ou un roi.

O prétendants, je vous le demande, est-ce pour vous ou pour nous que vous allez réclamant le trône de France? N'avez-vous point de honte de convoiter, au temps où nous voilà, une distinction pareille? Il y a, chez vous, bien autant de déraison que d'ambition; car cette couronne, obtenue par vous, ne ferait pas plus votre bonheur que le nôtre, ne le pressentez-vous pas?

Quant à moi, pénétré de l'infélicité attachée à cette élévation énorme, je dirais presque : Même dans l'intérêt des rois,

n'ayons pas de rois ; car ce poste vertigineux enlève, à qui
le remplit, le bonheur et le bon sens même. Les grandeurs
enivrent, les hauteurs affolent ; il est un vertige moral pour
les têtes trop haut placées. Oui, ce poste est un poste de per-
dition. L'histoire abonde en vies de rois qui, parvenus au
trône avec le plus heureux naturel, ont fini comme des
monstres...

Ah ! messieurs les prétendants, soyez de votre époque ;
c'est sur la nature qu'il faut régner, le temps de régner sur
les hommes est passé. La nature, elle obéit si bien. Vous êtes
riches, toutes les voies sont ouvertes à votre activité : adonnez-
vous à la culture d'un vaste domaine, où vous dominerez sur
un peuple de travailleurs qu'il vous sera si facile de rendre
heureux ; livrez-vous aux sciences, devenues plus attrayantes
que les arts eux-mêmes ; imitez lord Ross, qui, armé d'un té-
lescope, unique au monde, règne sur des millions d'univers
visibles seulement pour lui. N'est-ce pas là de la grandeur
parmi les hommes ; et, faire de son intelligence et de sa for-
tune un pareil usage, n'est-ce pas tout à fait vivre en roi?...
Interrogez au surplus votre cœur et confessez que l'intérêt
public n'est pas votre mobile. L'ambition vous point et vous
pousse. Quelle hâte indécente chez la plupart d'entre vous !
Comme les d'Orléans, sitôt la carrière ouverte, s'y précipitent
à l'envi ! comme elle empaume la voie, cette meute !... Le
comte de Chambord seul y met de la dignité. Faisant un roi,
je l'avoue, on devrait préférer celui-là, qui ne s'impose point.
Mais, je le crains, entre les d'Orléans alertes et Henri V expec-
tant, la politique indiquera les d'Orléans, par la raison que,
si le comte de Chambord était roi, les d'Orléans lui feraient
une opposition aboutissant bien vite à une révolution, tandis
qu'avec un d'Orléans pour souverain, le comte de Chambord,
lui, ne fera d'opposition d'aucune espèce.

Honnête et bon prince, à qui fait obstacle sa vertu, et qu'exclut même sa sagesse ! La postérité lui rendra cette justice, que de tous nos prétendants, lui seul, ne nous aura jamais nui !...

RÉPUBLIQUE ACÉPHALE

L'esprit moderne agit à l'aide de deux moyens : il simplifie et il associe. Tout ce qui est isolé, tout ce qui est compliqué, est impuissant comme force économique et sociale. Faisant l'application de cette double loi, je base la constitution de la France sur la République, ayant pour gouvernement une Assemblée unique, sans président ni directeur. Avec les prétendants, dont nous sommes affectés, faire un président, c'est faire un monarque.

Tout ce qu'un président peut faire, un simple ministre peut le faire ; et ce qu'un ministre ne peut pas faire, un président ne doit pas pouvoir le faire : un ministre ne peut pas, de son chef, déclarer la guerre, contracter des alliances, consentir des traités ; or un président ne doit rien faire de tout cela, sous peine d'usurper sur l'autorité de la nation, concentrée dans l'Assemblée.

De plus, il faut qu'une Assemblée soit unique afin d'être souveraine. Établir deux Assemblées, c'est imiter ces peuples de l'extrême Orient, qui sont gouvernés simultanément par deux rois.

Une Assemblée, élue par le suffrage universel, nomme des ministres, pris dans son sein, lesquels gouvernent dans le sens de la majorité du pays. Les ministres gouvernent et la loi règne.

Une parcille Assemblée, qui ne le voit, donnerait à la France un grand prestige; elle nous attirerait l'amitié des peuples, elle nous mettrait à la tête de l'Europe; elle nous abriterait contre tout bouleversement : on ne détrône pas une Assemblée. Le moyen, pour la remplacer, ce n'est pas de la renverser, c'est d'y être porté par le suffrage universel.

Avec une Assemblée, plus de ces attentats contre la vie du souverain, source d'inquiétude publique et de complots secrets. La confiance renaîtrait, il n'y a que la République pour lier entre eux les habitants d'une contrée : ils agissent de concert, ils s'appuient les uns sur les autres; ils deviennent amis, ils deviennent époux, à la vue de cette Assemblée à laquelle ils ont en commun donné le jour.

Une Assemblée, en outre, offre bien plus de garanties qu'un individu : les décisions d'un seul peuvent être pernicieuses, celles de plusieurs ne le seront pas, les mauvais instincts y étant dominés par les bons. Quand plusieurs citoyens sont réunis au nom de la patrie, son esprit est nécessairement au milieu d'eux et les inspire.

Adoptons donc, pour tout pouvoir, une Assemblée acéphale, et disons comment cette Assemblée devra être nommée.

DU SUFFRAGE UNIVERSEL ET DU VOTE OBLIGATOIRE

Que nul ne soit électeur ou éligible avant 30 ans. Jusqu'à cet âge, le jugement politique n'est pas formé, et l'on ne saurait préjuger ce que sera un homme avant qu'il ait atteint sa trentième année. De vingt à trente ans, il a dix ans pour se faire connaître et pour donner sa mesure.

Que le vote soit public : on doit avoir le courage de son opinion et ne voter que pour un candidat avouable. Dans un scrutin public, l'influence des plus graves agit, dans un vote secret cette salutaire influence est perdue.

Il est plus aisé de trafiquer de sa voix dans un vote secret que dans un vote public.

Mais, sur toutes choses, que le vote soit obligatoire : ce sont les meilleurs qui s'abstiennent. Voter est un devoir non moins étroit que servir dans la milice ou siéger aux assises. Que l'on ne puisse pas plus se soustraire à l'obligation de voter qu'à l'obligation d'être soldat ou juré. Tant que la totalité des citoyens n'aura pas participé au vote, le résultat en sera fallacieux.

Enfin, que le propriétaire seul puisse élire et être élu. Je dis propriétaire au moindre titre, ne fût-ce que d'un jardinet, ne fût-ce que d'un toit à chèvres. Pour s'intéresser à la bonne politique et à la bonne police d'un État, il faut y détenir foncièrement quelque chose, il faut s'y sentir ancré dans le sol.

Celui qui ne possède rien du territoire est plus ou moins nomade (on sait ce que vaut un nomade) ; loin d'avoir à cœur les intérêts nationaux, il les aura le plus souvent en aversion, n'entendant point favoriser par de sages lois ceux qu'il trouve déjà trop favorisés par leur position de propriétaire, ceux qui possèdent quand lui ne possède pas.

Autrefois il était fort difficile à l'artisan, au manouvrier, de devenir propriétaire ; aujourd'hui il n'est chose plus aisée au monde, et jamais la propriété ne fut plus accessible aux moindres bourses. La terre, qui jadis ne se vendait qu'en gros, se débite à présent au détail, parcelle par parcelle, et le vendeur se contente d'un très-faible à-compte. Avec cinq cents francs on paye un arpent de terre à la campagne ; avec quinze cents francs on acquiert, en ville, une échoppe et le courtil attenant. L'ouvrier rangé, le terrassier économe, peuvent mettre cette somme à l'épargne, à tout le moins, en deux années.

Celui qui n'est pas propriétaire, c'est donc qu'il ne l'a pas voulu. Quelque vice, paresse ou débauche, l'en a sans doute empêché. Or je dis qu'il y aurait péril social à lui confier une partie de la souveraineté démocratique. Conduisant si mal ses propres affaires, comment conduirait-il bien celles des autres, celles du pays ?

Que les droits civiques soient la récompense de l'effort qu'a dû faire pour posséder celui qui ne possédait pas. Il a constitué à sa famille un avoir assuré, il est digne d'être citoyen : la patrie peut se fier à lui.

Quant à la durée de l'Assemblée élue, je la mets à quinze ans. Son autorité s'en accroîtra ainsi que sa confiance ; elle aura le loisir de mener à bonne fin les réformes entreprises. Quinze ans, c'est le plein de la vie. Sous un roi, une Assemblée doit se renouveler souvent, le roi étant seul stable ; sous une République, la stabilité étant dans l'Assemblée, elle doit se renouveler moins souvent.

Un autre motif de cette durée, c'est que l'histoire des quatre-vingts dernières années nous enseigne que quinze ans est le laps de temps pendant lequel la France peut supporter, en moyenne, un même gouvernement. Et puis cette prolongation du pouvoir dans la même Assemblée donnera le temps à une autre génération d'entrer en scène. A chaque renouvellement de la Chambre, ce seront des hommes nouveaux pour la plupart qui arriveront. Il est bon qu'un gouvernement se renouvelle au fur et à mesure que se renouvelle l'esprit public. Un règne trop court ne vaut rien, un règne trop long non plus. Un des nombreux défauts de la monarchie, c'est de ne pouvoir assigner à un règne la longueur voulue. Le règne d'Henri IV chez nous fut bien trop court, celui de Louis XIV fut bien trop long. Avec une République, la durée de chaque règne est limitée, et ce ne serait pas un de ses moindres avantages pour une nation qui saurait en user.

MÉCANISME DU VOTE

L'important, dans toute élection, c'est que l'électeur sache ce qu'il fait, c'est-à-dire qu'il connaisse celui qu'il nomme ; car de commettre à un inconnu ses intérêts les plus chers sera toujours irrationnel.

Appelons donc l'électeur à choisir un mandataire parmi

les personnes qui l'entourent, et de la capacité desquelles il
est à même de juger.

Je suppose qu'un département ait à nommer six représen-
tants : chaque commune y nommera d'abord six députés; ces
élus des communes se réuniront au canton, où ils éliront
entre eux encore six députés, lesquels se réunissant à l'arron-
dissement, y choisiront derechef, dans leurs rangs, six députés; et ces élus des arrondissements se réuniront enfin au
chef-lieu, y choisiront, dans leur·groupe, les six députés dé-
finitifs du département.

Dans un pareil scrutin, chaque candidat est connu de ses
électeurs, puisqu'à mesure que l'élection avance de degré en
degré, elle est chaque fois remise aux mains de persounes
plus importantes dans le département et qui y ont plus de
relations. Les derniers élus le sont en réalité six fois, ce qui
doit épurer le vote, en le remettant, en fin de compte, aux
plus éclairés. Ces derniers élus l'ont été originairement par la
commune, puisque tous ont dû sortir du premier tour de
scrutin.

Ce sont là, évidemment, des garanties; les méprises, les
cabales, les brigues, deviennent impossibles; le résultat du
suffrage y gagne en homogénéité, et nous supprimons ces in-
cohérences d'un vote très-conservateur dans les campagnes et
très-révolutionnaire dans les villes.

LA RÉPUBLIQUE EST-ELLE AU-DESSUS DU SUFFRAGE UNIVERSEL?

La République n'est ni au-dessus ni au-dessous du suffrage universel, elle est le suffrage universel lui-même.

Dès que le suffrage universel est établi, la République existe.

La République est le principe du suffrage universel, elle ne saurait en être la conséquence.

Le suffrage universel met la souveraineté entre les mains de tous, en faisant prédominer la volonté populaire, ce qui est indubitablement créer la République.

Demander au suffrage universel de détruire la République, c'est contraindre une fille à poignarder sa mère; c'est violenter l'ordre naturel des idées et des choses.

UN GOUVERNEMENT DÉMOCRATIQUE EST LE MOINS QUI DÉPENSE

Une raison de se déterminer pour la forme républicaine, c'est la raison d'économie. Un gouvernement populaire coûte

bien moins qu'un gouvernement royal ou impérial. Il y a,
primo, l'économie d'une cour, qui, chez nous, avec les acces-
soires, va bien à 100 millions l'an; plus l'économie réalisée
sur l'armée permanente, que remplace la milice nationale;
économie que l'on ne peut porter à moins de 400 millions.
Un souverain ne se passe jamais de soldats, c'est sa sauve-
garde; ni de cour, c'est sa joie. Avec la République dispa-
raissent ces deux objets de grosse dépense : plus de cour, plus
d'armée soudoyée. Tout citoyen naît soldat, pour ainsi dire :
dès l'école primaire, un sergent instructeur est adjoint, dans
chaque commune, à l'instituteur; ce sergent, qui est aussi
garde champêtre, montre aux enfants l'exercice et le manie-
ment du fusil; l'école du soldat devient strictement obligatoire, et, je le garantis, rien ne plaira aux jeunes écoliers
comme cette instruction militaire et ces évolutions au son
du tambour. On ne saurait leur procurer récréation plus à
leur goût.

Sous une éducation pareille, quels soldats nous ferions,
nous Français, qui sommes la nation militaire par excellence!
On se sent, rien que d'y penser, relevé dans l'avenir.

Au surplus, ne nous y trompons pas : en supprimant la
cour et l'armée, nous supprimons du coup deux écoles de
corruption publique. La cour est le centre de toutes les capi-
tulations, de toutes les perfidies; l'armée est un apprentis-
sage de fainéantise et d'ivrognerie : on reconnaît trop bien,
dans les campagnes, les sujets qui ont passé par les garni-
sons; ils y font tache.

UNE RÉPUBLIQUE DOIT ÊTRE PETITE

Il importe, je le sais, que le territoire d'une République reste médiocrement vaste, afin que les citoyens y soient bien associés, bien incorporés entre eux. Dans l'antiquité, la moins étendue des républiques, la Crète, y fut la mieux réglée et la plus durable. Que de choses à dire sur l'excellence des petits États! Les grands États seront toujours le rêve des potentats; ils peuvent faire leur bonheur en leur procurant les plus grosses armées, ils font sûrement le malheur des peuples en occasionnant plus de guerres.

Généralement, toute République a tendu à se restreindre : il existait, chez les Romains, deux choses très-distinctes, l'Empire et la République. L'Empire comprenait Rome et les provinces, la République ne comprenait que la cité. N'entrait pas dans la cité qui voulait. Être admis au rang de citoyen était une faveur difficile à obtenir des censeurs, qui ne l'octroyaient que sur bons états de service. Et remarquons qu'un tel état de choses fut très-avantageux au peuple romain ; on jetait en pâture aux ambitions les provinces à gouverner, et ces dangereuses ambitions s'assouvissaient là en dehors de la République.

La France étant bien trop vaste pour une République simple, il y aurait à la fractionner en plusieurs régions unies par un lien fédéral. Son passé a déjà beaucoup fait pour cela en la divisant en provinces. Ces provinces ont chacune leur esprit propre et bien distinct. La Révolution de 89 a voulu effacer ces nationalités délicates, elle a eu tort; et comme elle agissait illogiquement, elle a agi inefficacement. Sous les configurations nouvelles, dites départements, les anciennes ont persisté. Les habitants de Vannes se sentent Bretons bien plus que Morbihannais; un Marseillais est Provençal en dépit des Bouches-du-Rhône. Les aïeux sont là; et, dans les aptitudes inhérentes à chaque province, toujours se retrouvera le génie qui la caractérise indélébilement.

Mettant donc à profit ces divisions historiques, incorporons toutes nos anciennes provinces en une confédération nouvelle. Cela nous donnera beaucoup de capitales, et en multipliant les centres d'activité et de vie, cela affaiblira d'autant la maîtresse ville, Paris, qui tend à tirer tout à elle. Par ce moyen, la République nous conférera ce que la royauté ne saurait nous conferer, la décentralisation. La royauté, ce pouvoir central, ne décentralisera jamais; autant décentraliser répugne à son principe, autant il convient au principe démocratique, qui n'est autre chose que le fractionnement de la souveraineté sur l'universalité des citoyens.

Le régime républicain peut donner de l'importance au moindre village, car le souverain y réside tout autant qu'à Paris. Cette importance politique des hameaux obviera plus qu'on ne saurait dire à la dépopulation des campagnes, d'où l'on émigre surtout parce que la vie politique s'en retire.

DU PAYSAN

Le peuple des campagnes ne saurait assez préoccuper l'homme d'État. Le paysan est bien certainement la partie la plus sage, la plus utile, la moins exigeante de la population. Dès qu'un paysan peut parvenir, au prix des plus dures privations, à posséder un petit coin de terre, il en triple aussitôt le produit; c'est-à-dire que s'il possédait en propre la totalité du territoire, la France, rapportant trois fois plus qu'elle ne rapporte, serait trois fois plus riche. On parle souvent d'améliorer les terres incultes, d'assécher les marais, d'assainir les pays d'étangs; il y aurait pour ces diverses opérations, un moyen très à notre portée : faire des lots de ces terrains improductifs et en gratifier le paysan. Je réponds, qu'avant dix ans, sa laborieuse activité aurait vaincu les sols les plus rebelles, soumis les glèbes les plus indomptables. Quel améliorateur foncier que le paysan! Ah! loin de le dédaigner, appuyons-nous sur lui; il n'y aura jamais un meilleur membre en un État républicain, parce qu'il n'y en aura jamais de plus attaché à ce sol, qui est la première assise du pays. Mais, pour qu'il devienne républicain (il ne l'est pas encore, je le reconnais), offrons, à son sens pratique, une République acceptable. Ne lui imposons pas, sous prétexte de République, les Pentarchies, les

Péjocraties (je forge ce mot : gouvernement des pires) qu'il a dû subir bien à contre-cœur.

Le paysan n'est pas républicain, mais s'il s'apercevait que la République favorise son avénement à la possession de la terre, je réponds qu'il n'y aurait pas de plus chaud républicain que le paysan. Il aime trop sa chose, au surplus, pour ne pas aimer la chose publique.

Chez nous, un gouvernement démocratique pourra faire beaucoup pour les intérêts agricoles, il fera toujours plus qu'un roi, car il n'y a rien de rustique en un roi. Louis-Philippe, au demeurant assez vulgaire, affichait pour l'agriculture un dédain que l'agriculteur ne saurait oublier. C'était une majesté bourgeoise, et rien ne ressemble moins à un bourgeois qu'un paysan.

Insistons sur la nécessité de favoriser le développement agricole; toutes les ressources nationales sont là. Paupérisme, prolétariat, socialisme, ne seront supprimés que par une bonne agriculture.

Les ouvriers de toutes les industries, de tous les métiers se plaignent, il n'y a que les ouvriers de l'agriculture qui ne se plaignent pas.

Numa, voulant faire un peuple pacifique, fit un peuple cultivateur. Ce fut pour le genre humain un grand malheur que les institutions de Numa n'aient pas prévalu chez les premiers Romains et que le glaive terrible l'ait emporté sur la clémente charrue!

INSTRUCTION OBLIGATOIRE ET UNIVERSELLE

J'abrége; je n'ai pas le temps de tout dire, pas plus que le public de tout lire. Je ne puis cependant omettre ici le vœu que l'instruction soit rigoureusement imposée aux enfants; il y va du salut de tous, c'est une mesure d'intérêt public.

Je bornerais, quant à moi, l'enseignement primaire dans les campagnes, à la lecture, l'écriture, le calcul et la géographie. Mieux vaut, ce me semble, appuyer sur les notions géographiques que sur celles de l'histoire. La géographie n'est pas falsifiée comme l'histoire. L'histoire, c'est l'homme, elle a de l'homme tous les défauts; la géographie, c'est le monde, elle a de la nature la simplicité, la précision, la grandeur. La géographie agrandit l'esprit plus que l'histoire.

Je voudrais que, chaque jour, la classe, pour les petits paysans, durât d'un soleil à l'autre, et qu'elle ne fût suspendue ni le jeudi, ni le dimanche. Que signifie ce repos du jeudi, que signifient ces deux mois de vacances, durant lesquels un petit rustre oublie le peu qu'il a appris les dix mois précédents? On perd ainsi les deux cinquièmes de l'année, et en commençant la classe à huit heures pour la clore à quatre heures, on perd, durant l'été, la moitié de la journée. Aussi, sur dix paysans, qui ont suivi l'école pri-

maire pendant des années, vous n'en rencontrerez pas trois
qui sachent lire couramment; vous n'en trouverez pas deux
qui sachent les quatre règles.

Ici les abus abondent et surabondent; qui empêche de
les réformer? Serait-ce la paresse des instituteurs? Je n'ose
le croire.

DÉMAGOGIE

La démagogie est le plus grand obstacle au fonctionnement régulier d'un État populaire, parce qu'agissant sur
le peuple qu'elle meut, elle lui ôte son libre arbitre. La
force d'un peuple souverain est si grande que les ambi-
tieux chercheront toujours à la mettre au service de leurs
mauvais desseins.

Un roi, sans courtisans ni flatteurs, serait un bon roi ; un
peuple, sans démagogues, serait un bon peuple.

Tout démagogue aspire à la démocratie, non pour être
affranchi, mais pour être enrichi.

Les emplois salariés de nos administrations modernes sont
véritablement trop tentateurs ; ils excitent la convoitise de
gens qui, pour tout mérite, n'ont que de l'audace. Porter à
100,000 francs les émoluments de certains fonctionnaires,
c'est tout perdre dans l'État : il se rencontrera toujours un
ramas de coquins prêts à pis faire pour conquérir de pareils
appointements... Que n'est-il possible de revenir aux erre-

ments de l'antiquité, où le fonctionnaire payait au lieu d'être payé ; il payait à ses concitoyens l'honneur qu'il en recevait, d'où le mot *honoraires*, si fort détourné par nous de son acception primitive.

Il faudrait, en bonne police, que toutes les charges qu'on trouverait à faire occuper gratuitement ne fussent point rétribuées. Paye-t-on un maire, un suppléant de juge de paix ? et, bien qu'il y ait là beaucoup de travail, je vois que ces fonctions, on se les dispute. Croyez-vous qu'on ne se disputerait pas, à plus forte raison, les places de préfet, de premier président, de ministre ? Les personnes riches, ne fût-ce qu'en haine de l'oisiveté, seraient heureuses de figurer, pour leur argent, dans ces positions élevées, et, quant à la capacité, ils en auraient au moins autant qu'un autre, par la raison que ceux qui sont nés riches ont en général reçu une éducation très-soignée.

Lorsqu'on ne payait ni députés, ni pairs de France, est-ce que les aspirants manquaient à ces hauts emplois ?

Les gros salaires sont salaires monarchiques : ils ont été établis par les souverains dans le but de se faire des amis ; un gouvernement républicain n'a pas besoin de ces expédients, chacun n'y doit être ami que de la chose publique.

Arrière donc ces faux démocrates qui se ruent aux emplois comme à une chaude curée, et qui bouleversent l'État à seule fin de culbuter les fonctionnaires et de créer des vacances à leur profit.

Ces faux démocrates ont pour moyen d'action les clubs. Les clubs sont les tréteaux du charlatanisme politique. On aura fait beaucoup pour contenir la démagogie si l'on supprime les réunions publiques. Grâce à la presse, une République n'a plus besoin de clubs. Les journaux sont des tribunes bien autrement retentissantes, et où l'on peut, avec bien moins de risque pour la tranquillité, produire ses idées et porter ses griefs. Un journal s'adresse à tout le monde, est entendu d'un bout du pays à l'autre ; un club, ne réunissant qu'une bien minime fraction de la cité, ne saurait avoir qu'une influence restreinte et partant malsaine.

De plus, les clubs sont des assemblées, et comme le gouvernement de la France républicaine est une Assemblée, nul n'a le droit d'usurper cette forme réservée à la seule autorité souveraine.

Au reste, en supprimant les clubs, il n'y aura qu'à voir, pour juger la mesure, quels sont ceux qui les regretteront.

Ne l'oublions pas : quand il est question d'adopter le régime républicain, une seule considération nous arrête : nous craignons de n'être pas assez sages. Avec un roi, il nous semble que, seul, il est tenu d'être sage, ce qui est un peu vrai ; car, dans une République, c'est tout le monde qui est obligé d'être sage. Ne répugnons donc pas à nous lier par de sévères lois. Dans une République, d'ailleurs, comme il y a moins de force réprimante que dans une monarchie, il faut que le législateur y supplée. Puisse-t-il être sans pitié pour la démagogie ; puisse-t-il sévir en toute rigueur contre ces fauteurs de troubles et d'émeutes, que les adoucissements ne ramènent jamais.

Tant s'en faut, du reste, que la République soit impuissante à réprimer une sédition : les deux plus formidables insurrections que Paris ait connues, celle de juin 1848 et celle de mars 1871, n'est-ce pas le gouvernement républicain qui en a eu raison ? Un monarque ne s'en fût pas tiré. Sous de moindres émotions populaires a sombré deux fois la monarchie, en 1830 et en 1848. Si à la place des institutions royalistes, il y eût eu chez nous, à ces deux époques, des institutions républicaines, elle n'eussent assurément pas péri.

Cette remarque est, à mon sens, considérable : elle parle bien haut en faveur de la forme républicaine.

Sachons donc apprécier la force de ce régime politique, et ne confondons pas la démocratie avec la tourbe qui, de tout temps, réussit à la déshonorer et à la perdre.

Quant à moi, je préfère la démocratie à la monarchie, mais je préfère la monarchie à la démagogie ; me croyant, sur ce chef, en communauté d'opinions avec le plus grand nombre.

Généralement, voici ce qui a lieu chaque fois que la République est établie chez nous : la démagogie, aussitôt déchaînée, soulève contre elle une réprobation universelle ; on la combat, on en triomphe, puis, pensant avoir triomphé de la République même, on supprime du même coup la démagogie et la République.

Mais si nous pouvions nous déterminer sensément, c'est le contraire que nous devrions faire. Nous devrions nous dire : Voici la République débarrassée de ce qui s'opposait à son fonctionnement régulier, la voici purgée de toute démagogie, c'est le moment de l'adopter ; elle a perdu ce qu'elle avait de dangereux, elle est devenue possible.

Grâce aux succès des honnêtes gens, les fauteurs de troubles sont ou morts ou captifs. Quant à ceux qui seraient tentés de les imiter, les voici découragés pour longtemps. L'ordre est partout fortifié et la révolution affaiblie. L'insurrection a constaté une fois de plus son impuissance à déposséder la société de ses droits, en attaquant la religion, la famille, la propriété, le capital. La France rentre dans la plénitude de sa raison : sur cette mer clémente et sûre, l'heure est venue de lancer le vaisseau de la République ; il a pour lui les vents et les étoiles...

Voilà ce que nous devrions nous dire, et voilà ce que nous devrions faire, mais il est à craindre que nous n'affections tout le contraire, en appelant, par la plus criante injustice, la monarchie à profiter de l'apaisement imposé aux passions politiques, par la démocratie victorieuse de l'émeute.

DE LA FORCE GOUVERNEMENTALE

Mettons la force dans nos institutions politiques. Sans force, pas d'action possible ; sans force, tout est caduc. Si, dans la nature, tout est stable, c'est que tout y est fort. Assujettissons notre démocratie à des lois qui aient l'inflexibilité des lois naturelles. Plus la légalité sera résistante, mieux cela vaudra. Que l'ordre puisse être, dans l'État, un élément irrésistible.

La bonté, la clémence, en politique, sont parfaitement impuissantes, parfaitement dommageables. Vouloir gouverner les multitudes avec la bonté, tant vaudrait vouloir gouverner, avec de bonnes paroles, les vents et les orages. On gouverne les multitudes en étant, non pas plus doux, mais plus fort qu'elles.

Que la loi agisse dans sa rigueur et dans sa vigueur, sans adoucissements d'aucune espèce. Tout droit de grâce, toute amnistie est funeste. Quand la justice a prononcé, c'est attenter à ses prérogatives, c'est la compromettre que de changer quelque chose à son verdict ; il n'est pas plus permis de le modifier en un sens qu'en un autre, et si le souverain, en se mettant au-dessus de la justice, change la peine en l'affaiblissant, il fait aussi mal que s'il la changeait en l'aggravant.

Le point de départ de toute amnistie, c'est la faiblesse, et l'amnistié, qui le sent bien, ne manque pas de s'en prévaloir. Est-il un seul exemple d'amnistie qui ait servi au monarque, qui la concède, en ramenant à lui ses ennemis ?

Chez nous, une restauration royaliste serait immanquablement suivie d'une amnistie politique, et ce n'est peut-être pas une des moindres raisons que nous ayons pour rejeter cette forme de gouvernement.

Au temps où nous sommes, qu'on le sache bien, le gouvernement qui donnera aux populations le plus de garanties de force, sera le gouvernement préféré par elles ; chacun se disant que la force qui vient de nous sauver, en prenant Paris à l'insurrection, peut seule nous conserver.

Ce qui fit accepter avec tant d'empressement, avec trop d'empressement, hélas ! le second empire, c'est que l'on croyait voir, personnifiée en lui, la force. Rien n'est populaire comme la force. La force, qui le dirait ? fait encore plus aimer le pouvoir qui en donne des preuves, qu'elle ne le fait craindre.

Or, si jamais la société eut besoin de force, c'est, à coup sûr, en ce moment où le parti qui l'attaque déclare hautement que son dessein est de tout détruire, de tout abîmer, afin de pouvoir, en cet universel naufrage, profiter des épaves.

Si donc la société n'est pas la plus forte, elle est perdue. Que sa force s'accroisse à proportion que s'accroît le péril. Des monstres, organisés en affiliations innombrables, sont prêts à se porter contre elle à des attentats qu'il faut bien croire encore possibles puisque nous venons de les voir s'accomplir, sous nos yeux, en plein dix-neuvième siècle, et en plein Paris.

RESTAURATION DE LA FAMILLE

Une République vit surtout par les mœurs. La réforme la plus essentielle serait d'y reconstituer la famille, en restaurant la puissance paternelle qui est tombée à rien, ayant perdu toutes ses prérogatives. Quel enfant honore aujourd'hui son père et sa mère? de quel respect entourons-nous la vieillesse? où en est, parmi nous, le culte du foyer domestique?...

Élever une famille est bien certainement une des charges du citoyen; une charge à laquelle nul ne doit pouvoir se soustraire, et à laquelle tout le monde est propre, sauf les inféconds, et encore, pour ceux-là, y a-t-il l'adoption, dont l'antiquité sut tirer un parti si avantageux, et qu'il faudrait remettre en crédit... Que le mariage soit obligatoire, à peine d'une amende annuelle, équivalant, jusqu'à 30 ans, à ce que peut coûter l'entretien d'un enfant; de deux enfants, jusqu'à 40; et de trois enfants, jusqu'à 50... Que la famille dure, même par delà le décès du père, entre les enfants survivants, auxquels on ferait élire un chef de famille, ayant des droits et des devoirs.

N'oublions pas que, pour constituer une démocratie, il faut avant tout de la cohérence entre les citoyens; si cette cohérence n'est pas cimentée dès le bas âge, dans la famille, rien ne pourra tenir; et celui qui aura méconnu l'autorité de

son père et de sa mère, méconnaîtra à plus forte raison l'autorité de tous les magistrats.

ÉPILOGUE

Telles sont, lecteur, les idées que je tenais à déposer dans
votre esprit. Je les y dépose, comme le cultivateur dépose,
dans son champ, une semence nouvelle, sans savoir si elle y
germera. Il en est, au surplus, des idées politiques comme
des graines végétales : les unes lèvent en quelques jours, les
autres, témoin le cèdre et l'olivier, ne lèvent qu'après plusieurs années. Un semeur doit être patient ; il n'est sûr que
d'une joie, la joie de semer.

Ainsi, pour me résumer, voici ce que je propose : Une République fédérative, basée sur l'élection à quatre degrés, avec
le vote public et obligatoire. A la tête du pays, je place une
seule Assemblée, gouvernant au moyen de ministres choisis
en elle et par elle. Je confère à cette Assemblée une durée de
quinze années. Je ferme les clubs ; je restaure la famille.

Si nous essayions de cela, chers concitoyens, nous essaye-
rions de quelque chose de nouveau, et nous aurions en France
la République. Sous ce nom, nous n'avons eu jusqu'ici que
la Révolution.

La Révolution, c'est l'oppression de tous sous un dictateur
d'occasion ; la République, c'est la souveraineté divisée, par
délégations égales, entre tout le monde ; c'est la nation se ju-

geant, se gardant, s'imposant, s'administrant elle-même ;
c'est la liberté, l'égalité, la fraternité du christianisme mises
en action ; car Jésus est le promoteur de toute démocratie : qui
a aimé le peuple, qui a été du peuple plus que Jésus ? Les
démagogues du jour ne manquant jamais de se montrer très-
hostiles à la Religion, commettent tous l'inconséquence de
combattre le culte plébéien par excellence. Quel aveuglement !

Français, le César allemand nous a vaincus sur les champs
de bataille ; si nous établissons, chez nous, la République,
nous l'aurons vaincu dans le domaine politique ; nous lui aurons causé le plus sensible déplaisir, car ce qu'il hait le plus,
c'est la République. Montrons-lui donc cette ennemie à lui,
cette amie à nous, et nous aurons triomphé de son pouvoir,
triomphé sans nuire ni méfaire, comme jamais empereur ou
roi ne triomphera.

Que Guillaume de Prusse, ce roi abhorré, nous dégoûte de
tous les rois. Une République n'aurait jamais été acharnée à
nous égorger comme l'a été ce potentat, cela est évident. Pour
satisfaire son farouche orgueil, il a déchaîné la guerre sur
nos malheureuses provinces, faisant de son peuple un peuple
d'incendiaires et de voleurs. Nous voyons le mal qu'il nous a
fait, soyons certains que le mal qu'il eût souhaité nous faire
était, dans sa pensée, bien plus grand encore. Il n'a pas été
cruel autant qu'il aurait voulu. Oh ! s'il avait pu ravager la
France entière comme il en a ravagé une partie !... L'empereur Néron demandait que le genre humain n'eût qu'une
tête pour la trancher d'un coup. Guillaume eût sûrement souhaité que toutes les villes de France ne fussent qu'une ville,
pour les bombarder toutes en une fois... A-t-on surpris en
lui, durant cette infortune immense qu'il nous causait, le
moindre indice de pitié ? Non, il ne s'attachait qu'à nous faire
le plus de mal possible. La pensée de tuer, de bombarder les

places non pour les prendre, mais pour y causer plus de souf-
frances l'occupait tout entier. Il a dû sacrifier trois cent mille
de ses sujets à ce jeu sanglant, mais que lui importe-t-il! les
morts passent et la gloire reste. La gloire! de combien de
douleurs, de combien d'agonies, de combien de charrettées
de cadavres, de combien de mesures de sang, se compose la
vôtre, ô nouveau César?... Nul ne le sait, vous ne le savez
pas vous-même; nul ne le sait que Dieu, qui vous le dira
un jour; ce jour, ô vieillard, ne saurait, pour vous, être bien
éloigné.

LIBRAIRIE FERD. SARTORIUS, ÉDITEUR

27, RUE DE SEINE, PARIS.

APERÇU DU CATALOGUE

BELLE COLLECTION ILLUSTRÉE

ROMANS INÉDITS

In-18 jésus, à 3 fr. le volume.

PAUL DE KOCK.	26 volumes.
HENRY DE KOCK.	12 —
AUTEURS DIVERS.	22 —

Chaque volume à 3 fr. de la collection illustrée est accompagné d'un bon de prime donnant droit, soit à une belle gravure, soit à des lithographies d'art signées de nos meilleurs maîtres.

COLLECTION IN-32

Une gravure en tête, à 1 fr. le volume.

ÉDITION DE LUXE

LES SALONS SOUS LOUIS-PHILIPPE. In 12, 12 portraits.　5 fr.
LES SALONS SOUS NAPOLÉON III. In-12, 10 portraits.　5 fr.

LA GRÈCE PITTORESQUE

Publication artistique dessinée d'après nature par A. LÖFFLER.

TEXTE DU DOCTEUR MAURICE BUSCH.

LE SALON

COLLECTION DE GRAVURES ET LITHOGRAPHIES D'ART

45 planches, à 1 fr. 25 la feuille.

LA RIXE

GRAVÉE D'APRÈS LE TABLEAU DE MEISSONNIER

Qui a obtenu la grande médaille d'honneur à l'Exposition de 1855, et a valu à son auteur
la croix d'officier de la Légion d'honneur.

Épreuves d'artiste, 80 fr. — Avant la lettre, 40 fr. — Avec la lettre, 20 fr.

HISTOIRE, VOYAGES, BROCHURES, BIOGRAPHIES, ETC.

A PARAITRE :

PAUL DE KOCK. — **Le Petit Bonhomme du coin.**
HENRY DE KOCK. — **Mademoiselle Croquemitaine.**
ANGELO DE SORR. — **Les Nuits de l'Hôtel des Réservoirs.**

PARIS. — IMP. SIMON RAÇON ET COMP., RUE D'ERFURTH, 1.

BIBLIOTHEQUE NATIONALE
Désinfection 1984
N° 9521

www.ingramcontent.com/pod-product-compliance
Lightning Source LLC
Chambersburg PA
CBHW061249030726
47595CB00004B/1765